Change Management

Ihr Praxis - Leitfaden!

In diesem Buch werden Sie

- die Grundlagen des Change Management (Veränderungsmanagement) kennen lernen,
- herausfinden, wie Sie ein Veränderungsprojekt aufsetzen und steuern können und
- viele nützliche Tipps für die Praxis erhalten.

Über den Autor:

Dr. Alfons Bridi

ist geschäftsführender Gesellschafter einer Unternehmensberatung für Reorganisation, IT Strategie und IT Governance und hat umfangreiche fachliche und organisatorische Erfahrungsschwerpunkte in den Bereichen Strategie und Organisationsentwicklung sowie Change Management. Zum gegenständlichen Thema hat er für Banken, Industrieunternehmen sowie im öffentlichen Sektor Veränderungsprojekte durchgeführt.

Change Management

Ihr Praxis - Leitfaden!

Alfons Bridi

Lesehinweis:
Aus Gründen der einfachen Lesbarkeit wird auf ge-schlechtsspezifische Unterscheidungen weitgehend verzich-tet. Entsprechende Begriffe gelten daher grundsätzlich für beide Geschlechter.

Bibliografische Information der
Deutschen Nationalbibliothek
Die deutsche Nationalbibliothek verzeichnet diese
Publikation in der deutschen Nationalbiografie,
detaillierte bibliografische Daten sind im Internet über
http://dnb.dnb.de abrufbar.

© 2014 Dr. Alfons Bridi

Herstellung und Verlag:
BoD – Books on Demand, Norderstedt

ISBN: 9783734743016

Inhaltsangabe

1 Einleitung

1.1 Über dieses Buch

„Nichts ist beständiger als der Wandel". Im Zuge von Veränderungsprojekten kommt man an diesem Zitat nicht vorbei.

Die Gründe dafür sind vielfältig, die dabei zu bewältigen Problemstellungen nehmen an Komplexität zu und die anfangs angestrebten Ziele und Ergebnisse stellen sich zunehmend weniger ein. Was aber macht den Erfolg aus?

Bücher zu dieser Themenstellung gibt es viele, die meisten geben dem Leser Aufschluss über die psychologischen Grundlagen, jedoch fehlen sehr oft die praktischen Anleitungen, wie das Aufsetzen und Steuern von Veränderungsprojekten erfolgreich im Unternehmen ablaufen kann. Dies sind der Grund und die Motivation für diesen Praxis Leitfaden.

Daher soll in diesem Buch die zugrundeliegende Theorie nur soweit behandelt werden, als diese für das praktische Verstehen benötigt wird.

Sie finden deshalb in diesem Buch praxiserprobte Anleitungen für das Change Management. Anhand dieser Anleitung hat der Autor Veränderungsprojekte geleitet und zum Erfolg gebracht.

In diesem Buch werden Sie lernen

- was die zentralen Erfolgsfaktoren bei der Steuerung der Veränderung sind und
- dass das beste Design des Veränderungsprojekts nichts nutzt, wenn das Management und / oder die Betroffenen nicht „abgeholt werden".

1.2 Wer sollte dieses Buch lesen

Veränderungen der Aufbau- und der Ablauforganisation finden in der modernen Wirtschaft regelmäßig statt. Alle Branchen erleben das, vom kleinen Betrieb bis zum Großunternehmen.

Vorstände, Geschäftsführer, Organisations- und Personalentwickler, Unternehmens-Strategen, Projektleiter, Business-Analysten und Consultants sehen sich mit der Tatsache konfrontiert, ohne aktiv gesteuertes Change Management und entsprechendes Knowhow keine optimalen Ergebnisse zu erreichen. Die Zusammenarbeit und Kommunikation im Unternehmen wird immer komplexer und es gilt, mit einem praktikablen Vorgehen und hilfreichen Tools erfolgreich zu sein!

Dazu soll dieser Praxis - Leitfaden helfen.

2 Change Management

2.1 Die Phasen der Veränderung

Die folgenden Phasen der Veränderung lassen sich bei den Betroffenen feststellen:

Phase 1: Überraschung / Unsicherheit

Erfahren die Betroffenen von der bevorstehenden Veränderung, dominieren die typischen Merkmale von Überraschung und Unsicherheit sein Verhalten. Die Ziele der Veränderung werden oft verdrängt.

Phase 2: (krampfhaft) Festhalten

Daraufhin versuchen die Betroffenen die alte Situation zu verteidigen und diese krampfhaft festzuhalten.

Beispiel von Aussagen:

„Das ist ja alles gut und schön, aber das gilt doch nicht für uns!"
„Das kann doch nicht wahr sein!" – „Warum gerade bei uns?".

Darauf folgen manchmal Schuldzuweisungen, sich selbst und anderen gegenüber. Dieses Festhalten kann oftmals lange und intensiv erfolgen, eine Menge Energie rauben und ist der eigentliche Engpass eines jeden Veränderungsprojektes.

Phase 3: Loslassen / Abschied nehmen

Darauf folgt dann die Phase des Loslassens, in der die Betroffenen von der alten Situation Abschied nehmen und sich zuerst nur verbal zu den Zielen der Veränderung bekennen.

Phase 4: Aktive Veränderung

Schließlich werden die Veränderung und damit der Aufbau der neuen Strukturen aktiv in die Tat umgesetzt.

Zur Verdeutlichung ein Fallbeispiel:

Der Vorstand hat in der Mitarbeiterversammlung verkündet, dass die neue Geschäftsstrategie auch eine Reorganisation aller Kernbereich des Unternehmens umfassen wird.

Gedankenschwanger verlassen die Betroffenen den Saal und schauen dabei auf Ihre KollegInnen.

Eine typische Reaktion der MitarbeiterInnen: "Das kann so nicht funktionieren, das haben wir so noch nie gemacht".

Der Vorstand setzt die Veränderungen um und es geht dann doch irgendwie, ob mit oder ohne die Mitarbeit dieser. Auffallend ist, dass auch Betroffene, die

12

*einer neuen Sache eigentlich aufgeschlossen gegen-
über stehen, eine Art persönliche Mentalreservation
gegenüber Veränderungen zeigen.*

Dieses Beispiel verdeutlicht, wie verschiedene
Menschen die Phasen mit verschiedener Ge-
schwindigkeit und anderer Intensität durchlaufen.

Aber jeder von ihnen lässt sich in eine der Phasen einordnen. Auch wird deutlich, dass sich
unmittelbar nach der Ankündigung von Veränderungen der überwiegende Teil der Betroffenen in
Phase eins oder zwei befindet.

Will z.B. ein Vertreter des Managements in dieser Situation zur Belegschaft sprechen, tut er gut
daran, dies zu wissen und die entsprechenden
Regeln zu berücksichtigen.

2.2   „Hart" oder „Zart"

Je nach individuellem Management-Stil, der in
einem großen Maß nicht veränderbar ist, aber
auch je nach Zeitgeist, werden Veränderungsprojekte „härter" oder „mitarbeiterfreundlicher"
durchgeführt, insbesondere in Zeiten des Kos-
tendrucks haben die „härteren Varianten" Saison.

Nachdem es jedoch Unternehmen ohne MitarbeiterInnen - mit all ihren individuellen Bedürfnissen
und Arbeitsstilen - nicht gibt, ist es naheliegend,
diese sogenannten „weichen" Einflussfaktoren

auf die Unternehmenskultur und damit letztlich auf den Unternehmenserfolg zu kennen und zum Wohl des gesamten Unternehmens zu beeinflussen.

In den letzten Jahren haben sich Unternehmenskulturen immer mehr Richtung Mitarbeiterorientierung entwickelt. Das höhere Bildungsniveau brachte eine neue Generation von MitarbeiterInnen mit sich. Um Befriedigung im Arbeitsprozess zu erhalten, streben diese heute mehr Eigenverantwortung und Entscheidungsfreiheit an. Dies bringt es jedoch mit sich, dass es für das Management zunehmend schwieriger wird, Veränderungen im Unternehmen durchzusetzen. Erst wenn der einzelne Mitarbeiter den Sinn der angestrebten Veränderung versteht, wird es möglich, diese im Unternehmen zu implementieren. Aus diesem Grund wird Change Management zunehmend als eine Kernaufgabe moderner Unternehmensführung gesehen.

Das individuelle Verhalten kann nur sehr schwer und nur langfristig beeinflusst werden. Das Verhalten von Gruppen ist jedoch leichter beeinflussbar und entspricht den natürlichen Strukturen in einem Unternehmen. Voraussetzung für ein erfolgreiches Change Management ist daher die Realisierung von Managementkonzepten in Teams. Ein weiterer Grund, Gruppen zu beeinflussen, ist die Feststellung, dass eine Gruppe mehr ist als die Summe der einzelnen Mitglieder.

Unternehmen, die heute am Markt erfolgreich sein wollen, müssen permanent Trends erkennen, sich auf neue Gegebenheiten einstellen. Das geht häufig nur über Veränderungen der Unternehmensstruktur.

Diese Änderungen haben tiefgreifende Auswirkungen auf die Betroffenen, z.b. müssen manche angestammte Verantwortungsbereiche abgeben oder neue übernehmen, sie müssen mit anderen Kollegen zusammenarbeiten, haben plötzlich einen neuen Chef „vor der Nase" usw. Im schlimmsten Fall verlieren Betroffene ihren Arbeitsplatz.

Jeder, der schon einmal als Initiator oder als Betroffener in eine Umstrukturierung eingebunden war, hat gesehen, wie lange es dauern kann, bis Maßnahmen greifen - wenn sie überhaupt greifen.

Untersuchungen haben gezeigt, dass 80% der angestrebten Veränderungsprojekte erfolglos waren, weil trotz der richtigen Strategie die Umsetzung, insbesondere die emotionalen Aspekte, sträflich vernachlässigt wurden.

Die betriebliche Veränderung wirkt sich oft auch auf Organisationsstrukturen aus - in den Köpfen der Betroffenen ändert sich jedoch nichts; alles bleibt beim Alten.

Um die Veränderungen erfolgreich zu gestalten und umzusetzen bedarf es eines definierten Change Management als Prozess und abgewickelt in Form eines Veränderungsprojektes.

2.3   Verhalten des Managements

Veränderung herbeizuführen ist eine klassische Management Aufgabe. Auch wenn die Veränderung eine „untergeordnete" Abteilung betrifft, muss das Management mit gutem Beispiel vorausgehen und den Prozess durch sein Verhalten bestmöglich unterstützen.

Das Top-Management muss die Bereitschaft für die Veränderung haben, das setzt voraus, dass das Management erkennt wo es in seiner Kultur und seiner Organisationsentwicklung als Unternehmen steht; notwendig ist ein Stück Selbsterkenntnis. Wenn die Bereitschaft nicht gegeben ist, zu schauen wo man selbst steht, dann ist das a priori stark erfolgsmindernd.

Besonders das mittlere Management wird von Veränderungsprozessen stark verunsichert. Organisationsveränderung bedeutet in den Köpfen der Betroffenen sehr oft Personalreduktion und nicht Wertewandel.

Diese teilweise falsche Auffassung muss zurechtgerückt werden, was die Aufgabe des Managements ist. Von Beginn an ist es wichtig, äußere, sichtbare Zeichen zu setzen.

Ein Beispiel:

Wenn ein Sparkurs angesagt wird und der Generaldirektor bestellt ein nagelneues Luxusfahrzeug ist das bereits ein Ausdruck von „Kultur". Wenn nicht von allen ein Beitrag geleistet wird, ist der Erfolg des Kulturwandels mehr als fraglich.

Sparmaßnahmen bei den MitarbeiterInnen und beispielsweise der gleichzeitige Ausbau der Vorstandsetage sind eine Kontraindikation für den Erfolg des Veränderungsprojektes.

Wichtig sind also die Zeichensetzungen des oberen und mittleren Managements und das

Zulassen von Veränderung. An die Betroffenen muss kommuniziert werden, wo der Weg hingeht und wie der Veränderungsprozess ist.

Wichtig ist, dass die Betroffenen wissen: Wo wollen wir hin?

Dabei gilt es, Folgendes zu beachten:

1.) Das Management muss voll hinter der Veränderung stehen und dies glaubwürdig kommunizieren. Die eigene Überzeugung muss spürbar sein und in der Bereitschaft resultieren, wirkliche Überzeugungsarbeit zu leisten. Alles was aktionsorientiert ist und den neuen Zielen dient, sollte vom Management unterstützt und gelobt werden.

→Erfolgserlebnisse sollten bewusst geschaffen werden.

2.). Wir leben heute in vernetzten Systemen. Schenken Sie deshalb den Auswirkungen „Ihrer" Veränderung auf andere Bereiche des Unternehmens gebührende Beachtung. Erahnen Sie eventuell auftretende Schwierigkeiten, sorgen Sie für Lösungen, diskutieren Sie diese und bereiten Sie geeignete gegensteuernde Maßnahmen vor.

3.) Lernen Sie zu unterscheiden, ob ein Betroffener wirklich gegen das neue Projekt ist oder ob er sich nicht einfach in Phase zwei befindet und deshalb opponiert. Noch am Alten festzuhalten, bedeutet nicht, gegen den Aufbau neuer Strukturen oder Werte zu sein, sondern entspricht lediglich dem natürlichen Veränderungsprozess. Wenn Sie das rechtzeitig erkennen, können Sie unnötige Spannungen, Missverständnisse, Frustrationen und Blockaden sowie Unverständnis gegenüber dem Management leicht vermeiden.

4.) Wenn Sie unsere gesellschaftlichen „Rituale" einmal genauer untersuchen, werden Sie feststellen, dass sie immer mit Veränderungsprozessen in Verbindung stehen. Sie dienen dazu, eine Phase abzuschließen und eine neue zu beginnen. Machen Sie sich diese Gepflogenheiten zu Nutze und setzen Sie im Unternehmensalltag bewusst Rituale ein, um das Alte abzuschließen und Neues zu beginnen. Die Betroffenen akzeptieren die Veränderung dann leichter.

2.4   Change und Akzeptanz

Wenn neue Strategien oder neue Kernsysteme eine Geschäftsprozessveränderung zur Folge haben, hat das in der Regel auch Auswirkungen auf die Betroffenen.

Veränderungsprojekte haben auch die weichen Faktoren wie Werte und Kultur zu umfassen, damit sie erfolgreich sein können.

Bei Veränderungsprojekten werden drei Gruppen unterschieden:

-   Die erste Gruppe sind die „Fans", die Veränderungen begrüßen und mit Engagement unterstützen.
-   Die zweite Gruppe sind die „Zögerer", die nicht begeistert sind, aber den Prozess vorsichtig mittragen.
-   Die dritte Gruppe sind schließlich die „Bremser", die Gegner von Veränderungen. Sie widersetzen sich passiv oder aktiv allem Neuen, weil sie Veränderungen nur als Nachteil und Bedrohung der eigenen Position begreifen.

Im Rahmen des Veränderungsprojektes wird von den Betroffenen Lern- und Netzwerkfähigkeit unter Berücksichtigung der persönlichen Arbeitsumgebung und der spezifischen Rollen des Management und der Mitarbeiter gefordert. Deshalb wird seitens der Führungskräfte möglicherweise punktuell eine Potentialanalyse für einzelne MitarbeiterInnen durchzuführen sein, um so Maßnahmen zum Re-Skilling planen und umsetzen zu können.

Im Zuge von Veränderungsprojekten hat sich gezeigt, dass die Betroffenen in der Regel bereit waren, ihr Verhalten zu ändern, wenn sie von der Notwendigkeit der anstehenden Reorganisation überzeugt waren und daraus ihren persönlichen Nutzen ableiten konnten.

Das Ändern von Strukturen und Prozessen allein ist zu wenig. Deshalb erfordern diese auch eine intensive Einbindung der Unternehmenskommunikation. Im Zuge des Veränderungsprojektes ist somit ein wesentliches, zentrales Thema die Weiterentwicklung der internen und externen Kommunikations- und Informationskanäle. Im Informations- und Kommunikationskonzept werden die Abläufe zur Informationsbereitstellung und Kommunikationsmöglichkeit erarbeitet und beschrieben.

2.5 Der Mensch als „Gewohnheitstier"

Beharrungstendenzen auf der einen Seite und die Angst vor Veränderung und dem Ungewissen auf der anderen Seite finden sich in jedem Veränderungsprojekt.

Betroffene haben in der Regel große Angst vor Stellenabbau. Immer dann wenn ein Unternehmen von Kulturwandel oder Organisationsentwicklung spricht, haben die MitarbeiterInnen – oft nicht unbegründet - den Stellenabbau im Hinterkopf. Es gilt, diese Ängste abzubauen.

Die Ziele werden üblicherweise vom Management vorgegeben und es zeigt sich als notwendige Voraussetzung, dass das Management möglichst klare Botschaften über das zukünftige Ziel an die Betroffenen zu kommunizieren hat.

Wenn das Management klare Ziele vor sich hat, soll diese Botschaft klar und unmissverständlich an die Betroffenen kommuniziert werden, denn für diese ist nichts belastender, als die Unsicherheit und Ungewissheit.

Manchmal werden auch der Abbau von MitarbeiterInnen unter der Etikette Kulturwandel und Organisationsentwicklung vollzogen.

Es ist meines Erachtens der Mensch, der das System steuert und beeinflusst und das Veränderungsprojekt zum Scheitern bringen kann, d.h. die „Masse" der Betroffenen kann Veränderungsprojekte zum Scheitern bringen, auch wenn das Management einheitlich dahinter steht.

Die Änderungsresistenz ist sehr stark gegeben in beamtenhaften Strukturen und im Industriesektor (z.B. bei patriarchalisch geführten Unternehmen). Es ist wichtig, schon am Beginn eines Veränderungsprozesses herauszufinden, wie hoch die Veränderungsresistenz und wie groß die Bereitschaft zum Wandel ist.

2.6 DoDoInnere Blockaden

Innere Blockaden sind nach Meinung der Unternehmenspsychologen die Ursache dafür, dass

Betroffene ihr Verhalten nicht ändern, obwohl sie dies eigentlich wollen.

Dafür gibt es folgende Ursachen:

- Sie haben Angst, einer zukünftigen Aufgabe nicht gewachsen zu sein, von der sie glauben, dass nach der Veränderung eben diese Aufgabe auf sie persönlich zukommt.
- Sie sind in einem Loyalitätskonflikt. Sie fühlen sich unterschiedlichen Personen oder Personengruppen verpflichtet und meinen, dass Sie mit einer Verhaltensänderung die Loyalität einer Person gegenüber kündigen. Das kann sich auch auf Personen im privaten Bereich der Betroffenen beziehen.

In folgenden Schritten können diese widersprüchlichen mentalen Bindungen gelöst werden:

1. <u>Schritt:</u>

Durch gezielte Fragen decken Sie die Ängste und Konflikte auf, machen Sie diese sichtbar.

Die folgenden Fragen entwickeln ihre Wirkung nur dann, wenn die Betroffenen darauf vertrauen können, dass ihre sehr persönlichen und vielleicht peinlichen Enthüllungen vertraulich behandelt werden. Wenn in einer Gruppe alle die gleiche Offenheit zeigen, kann dies den Prozess fördern.

Die Fragen lauten dazu:

- Welche Veränderungen an Ihrem Arbeitsplatz würden Sie gerne vornehmen, sodass Sie effektiver arbeiten könnten oder zufriedener wären? (Viele werden sich daraufhin erst einmal beschweren. →Welche Verpflichtungen stecken hinter ihren Beschwerden?)
- Mit welchen Handlungen oder Unterlassungen behindern Sie die Erfüllung Ihrer eigenen Aufgaben / Verpflichtungen?
- Was löst es bei Ihnen aus, Wenn Sie sich vorstellen, ganz anders zu handeln als bisher, Vorfreude, Hoffnung, Befürchtungen, etc.?
- Welches Resultat wollen Sie unbedingt mit diesem Verhaltensmuster vermeiden?

2. Schritt

Diese genannten Grundüberzeugungen sind in Frage zu stellen, wobei es vorerst noch nicht darum geht, dass diese verändert werden.

Im Gegenteil: Zunächst müssen sie bewusst gemacht, sprachlich formuliert, ins Bewusstsein gebracht werden. Die persönlichen Annahmen, die sich im Laufe des Lebens verfestigt haben, werden deutlich. Die Ursachen für das gegenwärtige Verhalten werden erkannt und beschrieben.

Dann sollen die Betroffenen nach Gegenbeispielen und Gegenbeweisen suchen, die ihre Annahmen widerlegen. Solche Erfahrungen sind wieder in das Bewusstsein zu „rufen". Damit wird dann die "Geschichte der Annahmen über die Welt" aufgedeckt.

3. Schritt

Schließlich sollen die Betroffenen Versuche unternehmen, die ihre Grundüberzeugungen und Annahmen in Frage stellen, z.B. indem Sie sich neuen und bislang ungeliebten Situationen stellen. Sie sollen ihr Verhalten nun tatsächlich ändern.

Dabei müssen nicht alle Grundüberzeugungen falsch sein. Einige behalten ihre Gültigkeit, sie sind dem Betroffenen nun bewusst, und er kann in anderen Situationen besser einschätzen, inwiefern sie sein Verhalten positiv oder negativ beeinflussen.

3 Gesteuerter Veränderungsprozess

Tiefgreifende Veränderungen durchlaufen folgende Schritten - oder besser: Sollten diesem Stufenmodell folgen.

Die Stufen nach John P. Kotter sind:

1. Ein Gefühl der Dringlichkeit erzeugen und vermitteln, d.h. Krisen erkennen und diskutieren und den Blick für Wettbewerbsrealitäten schaffen und die innere Logik durchdenken, d.h. die Wirkketten und -kräfte müssen durchschaut und das konkrete Ziel präzisiert werden.

2. Führungskoalitionen aufbauen, eine kompetente und motivierte Gruppe zusammenstellen, die die Veränderung herbeiführen soll.

3. Vision und Strategien entwickeln und Zielkonsequenz bei den Führungskräften aufbauen, d.h. Führungskräfte, die „oben" gehört und die eine Wirkung nach „unten" haben, müssen für das Veränderungsprojekt identifiziert werden.

4. Die Vision der Veränderung kommunizieren und von den Führungskräften vorleben.

5. Hindernisse aus dem Weg räumen und Maßnahmen zur Beschleunigung der Lern- und Veränderungsbereitschaft setzen, um in Schwächephasen gewappnet zu sein.

6. Kurzfristige Ziele ins Auge fassen und dadurch Erfolgserlebnisse schaffen und zur Risikobereitschaft ermutigen und Fehler zulassen. Weiters ein Lösungskonzept anbieten, das die Umsetzung vor Ort möglich macht und Hilfen zur konkreten Anwendung gibt.

7. Kurzfristige Erfolge feiern und weitere Veränderungen ableiten und nicht nachlassen.

8. Veränderungen in der Unternehmenskultur verankern, d.h. es gilt, diese Erfolge der Veränderung als Bestandteil aufzunehmen und dafür zu sorgen, dass das Unternehmen weiterhin effizienter agiert.

Wie lässt sich nun das Wissen um die Veränderungsphasen gezielt einsetzen, um den Veränderungsprozess zu unterstützen, zu beschleunigen und Reibungsverluste zu vermeiden?

Lässt man die Betroffenen damit alleine oder versucht man Veränderung zu erzwingen, werden diese viel länger als notwendig in der Festhaltephase verharren. Denn früher einmal angelegte „Festhalteprogramme" wirken direkt aus dem Unterbewusstsein und steuern seine Emotionen. Diese Reaktionen sind in der Regel mit der Vernunft nicht nachvollziehbar, führen aber durch das richtige Verhalten der Umwelt zur mentalen Verarbeitung der Situation und damit zur Annahme der Veränderung.

In Veränderungsprojekten müssen zahlreiche verschiedene Einflussfaktoren zusammengeführt werden. Dazu gehören nicht nur die Gründe und Ziele der Change Initiative sowie die vorhandenen Gegebenheiten im Unternehmen, sondern auch vorhandene Einstellungen, Werte, Handlungs- und Sichtweisen der Menschen.

Unabhängig von der Art des Veränderungsprojektes ist stets die Fähigkeit notwendig, alle Beteiligten und Betroffenen in angemessenem Umfang einzubeziehen und ihre Unterstützung für das Projekt zu gewinnen. Dies erfordert neben fachlicher und methodischer Kompetenz als Basis für Akzeptanz und Glaubwürdigkeit auch eine hohe Ausprägung der „weichen" Faktoren, dazu gehören insbesondere Kommunikationsfähigkeit und die Fähigkeit, Meinungen und Bedenken Anderer aufzunehmen und zu berücksichtigen.

Meist stellen Veränderungsprojekte gerade auch Teile des unternehmenskulturellen Rahmens in Frage. Doch insbesondere bei wertebezogenen Veränderungen entstehen Widerstände gegen diese Veränderungen. Somit hängt der Erfolg weit mehr von der Akzeptanz und aktiven Mitwirkung der Betroffenen ab, als dies bei eher technischen Veränderungen der Fall ist.

Bereits in frühen Planungsphasen sollten Stakeholder und andere für das Veränderungsprojekt wichtige Personen identifiziert und dafür begeistert werden und als eine der wichtigsten Voraussetzungen für erfolgreiches Change Management ist das Einbeziehen der Beteiligten.

Daher gilt es, sich vor Augen zu halten, dass es meist mehr als nur eine richtige Lösung gibt. Das Management, insbesondere der Change Manager, soll daher in der Lage sein, die Situation aus unterschiedlichen Gesichtspunkten, z.B. auch aus Kunden- oder Wettbewerbersicht, zu betrachten.

Weder die Mitglieder des Change Teams noch die von den Veränderungen Betroffenen dürfen sich als „ausführende Werkzeuge" oder „Spielfiguren" fühlen.

Echtes Engagement für das Veränderungsprojekt kann nach meinen Erfahrungen nicht allein durch eine noch so überzeugende Zielsetzung und Vision erreicht werden sondern nur durch das Einbeziehen und Beteiligen (Involvement), d.h. eigenen Erfahrungen und Ideen einzubringen und die Veränderung aktiv mitzugestalten. Jeder Betroffene soll wissen, dass sein Beitrag zu dem Veränderungsprojekt wichtig ist und zum Erfolg beiträgt. Auf diese Weise kann eine Identifikation mit dem Veränderungsprojekt erreicht werden, die beim Auftreten von Problemen und Widerständen zur wichtigen Motivationsquelle werden kann.

Das erste Erfolgselement ist Loslassen und annehmen

Ob ein Betroffener die Augen vor der neuen Situation verschließt, ob er in endloses Lamentieren und Klagen verfällt – die Änderung ist nicht abzuwenden: Das bisher Gewohnte und Gültige gehört der Vergangenheit an.

In dieser Situation wollen viele Menschen am „Bewährten" festhalten. Doch wer sich nicht verabschieden kann, wer immer wieder die alten Bilder heraufbeschwört, der wird mit der neuen Situation nicht fertig werden.

Das Zauberwort heißt „Loslassen". Das bedeutet, die Vergangenheit als vergangen würdigen, abschließen, Bilanz ziehen. Wer das Alte mit einem symbolischen „Ritual" beendet, der lässt die Vergangenheit los. Erst dann kann er sich dem Neuen zuwenden, die neue Situation vertrauensvoll annehmen und die Vorteile erkennen.

Zur Steuerung des Veränderungsprozesses ist die Rolle eines Change Managers ein Erfolgskriterium.

Ein Change Manager fungiert im Veränderungsprozess als Veränderungsprozess Berater und Feedbackgeber, der den Führungskräften bzw. dem Change Team keine Verantwortung abnimmt.

Ein Change Manager sollte keinesfalls die Rolle "Macher" einnehmen, da darin die große Gefahr besteht, dass der Klient, insbesondere die Führungskräfte des Klienten, damit zum "Gemachten" degradiert werden könnten.

Die wichtigsten Kompetenzen für diese Aufgabe sind:

- Sensibilität für die Einstellungen der Eigen- tümer und Stakeholder gegenüber dem Ver- änderungsprojekt und dafür, wie deren Ein- stellungen die Ziele dieses Projektes beein- flussen können,
- Fähigkeit mit Stakeholder über Veränderun- gen, Konfliktlösungen oder Ressourcen zu verhandeln,
- Flexibilität in den Reaktionen auf Verände- rungen außerhalb des Einflussbereichs des Projektmanagers; d.h. gegebenenfalls die Adaption von Zielen, Meilensteinen oder Ri- sikobewusstsein,
- Kommunikationsfähigkeit zur Übermittlung der Ziele, Änderungsnotwendigkeit und indi- vidueller Aufgaben an das Change Team
- Fähigkeiten auf der Bandbreite von zuhören, Bedenken aufnehmen bis Personalauswahl und Besprechungsleitung,
- Fähigkeiten bei der Identifikation möglicher Koalitionspartner zum Ausgleich konkurrie- render Ziele oder Meinungen,
- Fähigkeit, Vertrauen in Andere zu haben,
- Fähigkeiten als Informationsdrehscheibe in- nerhalb der Organisation,
- Aushalten von Unsicherheit und die Fähig- keit, auch unter unsicheren Bedingungen ef- fektiv zu arbeiten,
- Fähigkeit das eigentliche Veränderungspro- jekt im Zusammenhang mit übergeordneten Zielen und Prioritäten des Unternehmens zu beurteilen.

Im Folgenden sei der Nutzen durch einen unternehmensexternen Change Manager dargestellt:

- Change Management ohne Eigeninteresse,

- methodischer Input,

- Impulse setzen für neue Sichtweisen,

- Einbringen von Change Projekterfahrung,

- Unterstützen der Entscheidungsfindung für Management und Fachbereiche durch Alternativen- bzw. Szenario Darstellung und Expertise,

- Unterstützen des Interessensausgleiches durch Moderation

- Bedarfsweise unterstützen der Konsensfindung durch Konfliktmoderation,

- bedarfsweise Design und Durchführung von begleitenden Trainings in Führungsleitbild, Führungsverhalten, Kommunikation, Teamtraining nach Abruf und gesonderter Beauftragung,

- bedarfsweise Unterstützung in der Organisationsanalyse bzw. Organisationsentwicklung.

4 Gesteuertes Change Management - So gehen Sie vor!

4.1 Der Change Management Prozess

Der Change Management Prozess folgt dem bekannten Plan – Do – Check – Act Modell:

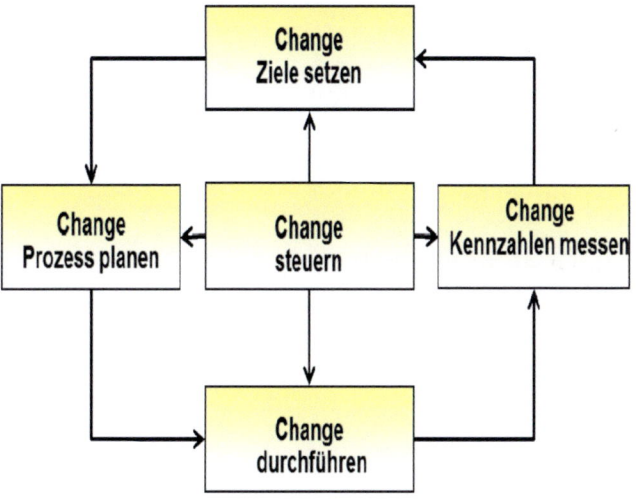

Die einzelnen Prozessschritte sind:

Die Change Ziele setzen:
Definieren von Veränderungszielen

Den Veränderungsprozess planen:
Was muss getan werden? Von wem? Mit welchen Ressourcen? Innerhalb welchen Zeitrahmens? d.h. Kombinieren der menschlichen und technischen Ressourcen.

Den Change durchführen:
ist das geplante Umsetzen der Veränderungsmaßnahmen.

Die Change Kennzahlen messen:
ist das Definieren, Messen und Berichten von Key Performance Indikatoren des Veränderungsprojektes.

Den Change steuern:
bedeutet das Vergleichen des Arbeitsfortschritts- und der Zielerreichung gegen den Plan. Bei Planabweichungen sind korrigierende Maßnahmen einzuleiten.

4.2 Das Veränderungsprojekt

Wenn wir von einem gesteuerten Change Management sprechen, dann wird der Change Management Prozess in der Regel in Form eines Veränderungsprojektes mit definierten Schritten durchgeführt.

Der Planung, Projektierung und erfolgreichen Umsetzung eines solchen Veränderungsprojektes liegen folgende wichtige Erfolgsfaktoren zu Grunde:

- Visionen der Geschäftsleitung werden den Betroffenen nahe gebracht und erläutert,

- Betroffene werden von Anfang an klar informiert was auf sie zukommt,

- Detailziele werden gemeinsam mit den Betroffenen erarbeitet,

- Klare und definierte Informationskanäle sind im Zuge des Veränderungsprozesses notwendige Voraussetzung für den Erfolg.

Im Wesentlichen erfolgt ein derartiges Veränderungsprojekt in folgenden Schritten:

1.) Vorbereitung und Kickoff

2.) Change Readiness Check

3.) Kraftfeldanalyse

4.) Design Veränderungsprozess

5.) Entscheidung

6.) Umsetzung (Transition)

7.) Abschluss und Lessons Learned

Im Folgenden wird auf die wichtigsten Details eingegangen.

4.3 Vorbereitung und Kickoff

Im Rahmen des Schrittes Vorbereitung und Kickoff werden nach den Erstgesprächen mit der Geschäftsführung und dem benannten Projektleiter und Change Manager die bestehenden Unterlagen zu gesichtet, und analysiert. Danach erfolgt die Vorbereitung und Durchführung des Kickoff.

Das Vorgehen ist dabei wie folgt:

- Erstgespräch Management, Projektleiter und Change Manager, dabei werden Info zur Change Vision, Zielsetzung bzw. Vorgehensmodelle und Rahmenbedingungen gegeben

- Auswahl Change Team durch Management d.h. die Change Team Mitglieder werden nominiert

- Übergabe von relevanten Unterlagen an den Projektleiter und Change Manager, wie z.B. Dokumente zu Vision, Unternehmensleitbild,

Führungsleitbild, Aufbauorganisation, Ablauforganisation, Ressourcenabdeckung, Geschäftsprozess-Darstellung, etc.

- Sichtung der Unterlagen durch Projektleiter und Change Manager um einen Überblick über aktuelle Basisstruktur und vorhandene Kennzahlen zu erlangen.

- Vorbereitung Kickoff durch den Projektleiter und dem Change Manager, d.h. Design inkl. Agenda und die Präsentationsunterlagen werden erstellt.

- Danach findet das Kickoff der Projektlenkung mit dem Projektleiter des Veränderungsprojektes, dem Change Manager und dem Change Team statt.

Beispiel für die Ziele eines Veränderungsprojektes:

Als Primärziele der Veränderung werden gesehen:
- *Einführung einer veränderten Aufbauorganisation, und Geschäftsprozesse mittels Standardsoftware SAP.*

Als abgeleitete Ziele des Veränderungsprojektes werden gesehen:
- *Information der Betroffenen über die neuen Strukturen und Geschäftsprozesse,*
- *Verringerung der auftretenden Unsicherheiten bei den Betroffenen,*
- *und damit Steigerung der Akzeptanz der Gesamtlösung.*

4.4   Change Readiness Check

Ziel dieser Phase ist die Abklärung der Veränderungsbereitschaft (Change Readiness).

Die Erarbeitung erfolgt in Workshop des Change Teams in folgenden Hauptschritten:

- Vorbereiten Check "Change Readiness" (siehe Toolbox weiter unten)

- Vorbereitung Workshop Ist-Status und Change Vision und Change Meilensteine

- Workshop Ist-Status und Change Vision und Change Meilensteine

- Vorbereitung Workshop Stakeholder Analyse als besondere Form der Umfeldanalyse

- Workshop Stakeholder Analyse

- Vorbereitung Workshop Risikoanalyse, z.B. mittels Kristallkugel (siehe Toolbox weiter unten)

- Workshop Risikoanalyse

- Vorbereiten Basistraining Change Management und Toolbox

- Basistraining für Change Team

4.5 Kraftfeldanalyse

Ziel dieser Phase ist das Durchführen der ersten Kraftfeldanalyse. Dieses Change Instrument dient zur Ermittlung der hemmenden und fördernden Faktoren für den Veränderungsprozess und ist ein wesentlicher Input für das Design des Veränderungsprojektes.

Die Kraftfeldanalyse wird auch dazu verwendet, um die Aufmerksamkeit der Betroffenen auf ein bestimmtes Thema zu lenken. Damit wird eine Synchronisation der Wahrnehmung erreicht, was besonders zu Beginn eines Veränderungsprojektes eine wichtige Voraussetzung ist. Dies ist somit ein erster Schritt in der Dramaturgie eines Veränderungsprojektes.

Durch die Befragung werden jedoch auch Erwartungen bei den Betroffenen geweckt, welche ein potentieller Nährboden für Enttäuschungen sind. Wichtig ist daher die Auswertung der Daten und die Auseinandersetzung mit den Ergebnissen.

Dazu werden MitarbeiterInnen aus den Fachbereichen, die nicht dem Change Team angehören, nach einer Kurzschulung durch den Change Manager in einem Vier-Augen-Kurzinterview befragt.

Die Dauer der einzelnen Kurzinterviews beträgt ca. 15 Minuten und wird stichwortartig anonymisiert dokumentiert.

Die InterviewerInnen werten diese dann aus und protokollieren die Ergebnisse strukturiert. Danach erfolgt die Präsentation der Ergebnisse dem Change Team und die Konsolidierung durch das Change Team.

4.6 Design Veränderungsprozess

Ziel der Phase ist das Design des Veränderungsprozesses durch die Vorbereitung und Planung der einzelnen Schritte und deren Abhängigkeiten.

Die Erarbeitung erfolgt in Workshop des Change Team in folgenden Hauptschritten:

- Vorbereitung Workshop Design Veränderungsprozess

- Workshop Ableiten Maßnahmen aus Kraftfeldanalyse und Erstentwurf des Design des Veränderungsprozesses

- Überarbeiten des Design des Veränderungsprozesses

- zweiter Workshop Design Veränderungsprozess

- Konsolidierung der Ergebnisse

- Design des begleitenden Informations- und Kommunikationsprozesses

- Detailplanung der Schritte der Umsetzung (Transition)

- Workshop Details Umsetzung (Transition)

- Konsolidierung der Ergebnisse

- Vorbereitung erstes Sounding Board (siehe weiter unten)

- Vorbereitung Ambassador Programm (siehe weiter unten)

- Vorbereitung Projektlenkung.

4.7 Entscheidung

Ziel der Phase ist das Treffen der „Go-Entscheidung" durch die Projektlenkung.

Im Fall der Go Entscheidung wird festgehalten, wer die **Verantwortung** wofür übernimmt und welche Veränderungsmaßnahmen zu treffen und in welcher Art und Weise diese umzusetzen sind. Sämtliche Entscheidungen hinsichtlich des Veränderungsprojektes werden festgehalten und fließen in die Roadmap ein.

Festzulegen ist, mit welchen Kompetenzen darf wer welche Aufgaben ausüben und welche Entscheidungen treffen. Verantwortung haben zu wollen reicht nicht aus, wenn einem die entsprechenden Kompetenzen fehlen.

Im Fall der NoGo Entscheidung ist das Veränderungsprojekt damit „gestorben" und das Management informiert die Betroffenen.

4.8 Umsetzung (Transition)

Ziel der Phase ist das Umsetzen der einzelnen geplanten Schritte gemäß der Umsetzungsplanung (Roadmap).

Zur **„Mobilisierung"** der Betroffenen ist es notwendig, nach der „Go Entscheidung", diese über das Projekt zu informieren und mit einzubinden. Die Entscheidungen sollen den Betroffenen transparent gemacht werden um die Sinnhaftigkeit des Veränderungsprozesses verstehen zu können.

Im **Startmeeting** der Umsetzung (Transition) wird die Roadmap bekannt gegeben, d.h.

- die Change Vision,

- die Change Ziele,

- die Organisation des Veränderungsprojektes,

- die geplanten Meilensteine und Zeitplanung,

- welche Ressourcen betroffen sind,

- von wem welche Entscheidungen zu treffen sind,

- welches Informations- und Kommunikationskonzept zugrunde liegt,

- die Veränderungsmaßnahmen,

- etc.

Die Fragen nach den konkret betroffenen Organisationseinheiten sowie Geschäftsprozessen und wie weit sich Veränderungen in diesem und jenem Bereich positiv für das Unternehmen auswirken, sind klar und unmissverständlich durch das Management darzulegen.

Offenheit von Anfang an nimmt die Angst, hemmt den Widerstand und fördert die Bereitschaft mitzuwirken.

Im Startmeeting der Umsetzung (Transition) gilt es neben diesen Fakten die folgenden Fragen der Betroffenen zu beantworten:

- Warum gibt es dieses Veränderungsprojekt?

- Wie werden dieser Veränderungen aussehen, bewirken?

- Was passiert mit uns? I

- Inwiefern sind wir involviert?

Vor allem in der Umsetzung (Transition) ist die Integration der Betroffenen besonders wichtig. Diese müssen geschult und in die veränderten Geschäftsprozesse, die neuen Regelungen eingeführt werden. Betroffene müssen möglicherweise neue Fähigkeiten erwerben, d.h. wenn sich das Unternehmen verändert, müssen dies auch die Betroffenen tun. Passiert dies nicht, läuft man Gefahr, dass ein Experte plötzlich nicht mehr die nötige Kompetenz hat, um den Job auszuüben.

Damit Betroffene nicht vor „vollendete Tatsachen" gesetzt werden, bekommen sie sowohl passiv als auch aktiv die Möglichkeit, sich am Veränderungsprojekt zu beteiligen. Passiv in Form von laufenden Informationsveranstaltungen und aktiv in Form von Mitarbeit, d.h. den Betroffenen wird die Möglichkeit gegeben, selbst Vorschläge für Veränderungen einzubringen, Konzepte zu entwickeln.

Falls Betroffene Vorschläge erarbeitet haben, ist es nun an der Zeit, mit dem Management abzuklären, inwiefern diese akzeptiert worden sind und nun durchgesetzt werden können.

Im Zuge der Umsetzung (Transition) sind Rückkoppelungsprozesse wünschenswert. Es ist zu überprüfen, ob das Produzierte, das Ergebnis, mit den anfänglichen Visionen und Zielen übereinstimmt.

Dieser Prozess der Überprüfung ist ein fortwährender. Kennzeichen dieser Phase sind Dynamik und Zielstrebigkeit. Der Veränderungsprozess ist auf seinem Höhepunkt angelangt-

Weiters gilt es im Zuge der Umsetzung (Transition), die Entscheidungen hinsichtlich ihres Beitrages zum Erfolg des Veränderungsprojektes zu bewerten. Weisen getroffene Entscheidungen im Projektverlauf den Weg in eine falsche Richtung, so ist es sinnvoll, diese zu überdenken und neu zu definieren.

Die Aufgaben des Change Managers sind dabei wie folgt:

- Begleitung des Change Teams in den regelmäßig stattfindenden Change Team Meetings,

- regelmäßige Abstimmung mit der Projektleitung als Input für den Veränderungsprozess und dem Erkennen von Interdependenzen,

- Teilnahme und Bericht im regelmäßig stattfindenden Meeting der Projektlenkung.

4.9 Abschluss der Umsetzung (Lessons Learned)

In der Phase des Abschlusses wird nochmals kontrolliert, ob die in der Roadmap definierten Inhalte, Zeitpläne und Prozesse eingehalten bzw. umgesetzt wurden.

Letztendlich werden die Ergebnisse, die erzielt worden sind, bekanntgegeben:

- in welchen Bereichen sind die Ziele wie gut erreicht worden,

- ist der Change erfolgreich gewesen,

- gibt es noch nicht überwundene Blockaden und was ist noch zu tun.

Diese Veröffentlichung der Ergebnisse erfolgt auf jeden Fall intern, vielleicht auch in reduzierter Form extern (was im Vorfeld zu klären ist).

5   So organisieren Sie Ihr Projekt!

Folgende Projektorganisation hat sich bewährt:

- Projektlenkung
- Projektleitung und Projekt Team
- Change Manager und Change Team.

Die Aufgaben und Verantwortlichkeiten dieser Rollen werden weiter unten dargestellt.

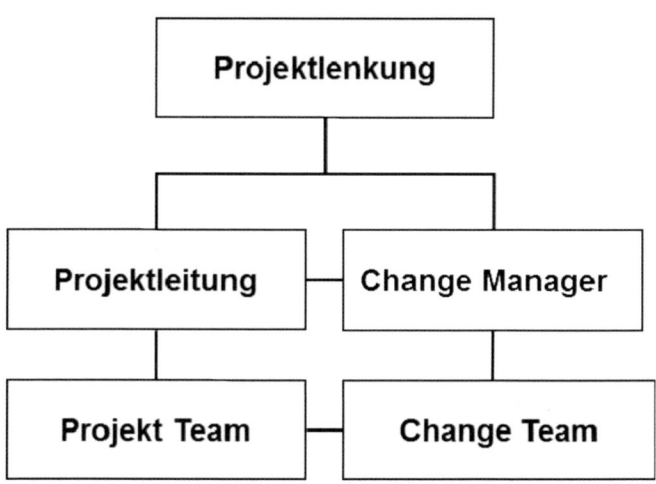

5.1 Projektlenkung

Die Projektlenkung überwacht den zeitlichen Verlauf des Projekts sowie die Qualität der abgenommenen Dokumente und Ergebnisse auf Meilensteinebene.

Die Aufgaben der Projektlenkung sind:

- Abstimmung und Abnahme / Freigabe der definierten Veränderungsziele und Maßnahmen,
- Abstimmung und Abnahme der vorgeschlagenen Anpassung der Ablauf- und Aufbauorganisation und definierten zukünftigen Rollen,
- Abstimmung und Abnahme der Veränderungsprozess-Planung inklusive Kommunikationsplan (Roadmap),
- Durchführen des Startmeetings zur Mobilisierung und Einleitung der Umsetzungsphase (Transition),
- Steuerung der Umsetzung des Change Projektes.

Die Projektlenkung (Gremium) tritt mindestens einmal im Monat zusammen. Außerordentliche Sitzungen können durch die Projektleitung jederzeit einberufen werden.

Die Projektleitung berichtet an die Projektlenkung und nimmt an allen Sitzungen des Gremiums teil.

Über jedes Treffen der Projektlenkung erstellt die Projektleitung ein Protokoll. Protokollinhalte sind für den Projektablauf verbindlich.

5.2 Projektleitung

Die Projektleitung führt das Projekt Team. Zu den Aufgabengebieten der Projektleitung gehören die gesamtverantwortliche Projektplanung, die Projektsteuerung und das Berichtswesen.

Im Rahmen der Projektplanung werden von der Projektleitung mit Unterstützung des Change Managers folgende Dokumente erstellt:

- Projektplan,
- Meilensteinplan,
- Ressourcenplan,
- Qualitätssicherungsplan.

Die Festlegungen werden im Projekthandbuch dokumentiert und im Rahmen eines Kickoff kommuniziert.

Die Projektleitung erstellt Projektstatusberichte, um die Projektlenkung über den Projektverlauf zu informieren.

Der Projektstatusbericht informiert über

- den innerhalb des Berichtszeitraums erreichten Projektfortschritt
- den aktuellen Projektstand (fachlich, terminlich, Soll/Ist)
- innerhalb des Berichtszeitraums aufgetretene Probleme
- die für den nachfolgenden Berichtszeitraum geplanten Aktivitäten.

5.3 Change Manager

Ein wesentlicher Erfolgsfaktor des Veränderungsprojektes ist die Ernennung eines Change Managers, der den Veränderungsprozess koordiniert und steuert.

Die Aufgabe des Change Managers ist das Vermitteln von methodisch-technischem Wissen und insbesondere der Unterstützung, die zwischenmenschlichen und organisatorischen Klippen im Projekt zu umschiffen sowie das Erarbeiten der Veränderungsinterventionen zu unterstützen.

Der Leitgedanke ist Begleitung statt "Bestimmung", d.h. das „Steuern" der „weichen" Faktoren, d.h. des Change Management, wie die Sache auf den Punkt bringen, Anliegen konkretisieren, klare und offene Kommunikation zu unterstützen und fördern sowie Wertschätzung und Respekt im Change- und Projekt Team sicherzustellen, eingebracht wird.

Im Bereich des Mentoring / Coaching können nach Anforderung Schwerpunkte gesetzt werden beispielsweise zur Zielfindung, Verstärkung der Führungsrolle, Stärken- & Schwächenanalysen, Verhandlungs- und Kommunikationstraining, Umgang mit Stressoren am Arbeitsplatz, Teambildung, Teamcoaching, etc. Anzumerken ist, dass bei einer Anforderung von Mentoring / Coaching zur Sicherstellung des Erfolges die Verpflichtung zur Einhaltung des strengen Vertraulichkeitsgrundsatz gilt, d.h. dass auch der „Auftraggeber" nicht von den Inhalten und Themen des Mentoring / Coaching informiert werden darf.

5.4 Projekt Team und Change Team

Das Projekt Team ist für die die operativen Arbeiten verantwortlich. Für das Projektteam werden MitarbeiterInnen gewählt, die fachlich verantwortliche und mit der gegenständlichen Thematik vertraute Fachbereichs MitarbeiterInnen sind und kompetent Auskunft geben und im Rahmen Ihres Verantwortungsbereiches Entscheidungen treffen können.

Das Change Team unterstützt den Veränderungsprozess und wird gebildet aus dem:

• Change Kernteam und im Fall von weitreichenden Veränderungsprojekten das

- erweitertes Kernteam aus dem Kreise der Führungskräfte und MitarbeiterInnen der jeweiligen betroffenen Organisationseinheit.

Vom Change Team wird Lern- und Netzwerkfähigkeit unter Berücksichtigung der persönlichen Arbeitsumgebung und der spezifischen Rollen der Betroffenen gefordert.

6 Ihre Toolbox für effizientes Change Management!

Wesentliches Element zur Akzeptanz des Veränderungsprojektes sind die Bausteine des Change Management zum Aufsetzen des Veränderungsprojektes und in weiterer Folge zum Steuern der Umsetzung, die im Folgenden dargestellt werden.

6.1 Strategiefindung

Niemand kann in die Zukunft blicken - man kann jedoch mögliche Reaktionen des eigenen Unternehmens auf mögliche zukünftige Entwicklungen erarbeiten.

Dazu empfiehlt es sich, im Management Team verschieden Brillen aufzusetzen. Die Farben stehen für unterschiedliche Filter.

Die **himmelblaue Brille**

Der Filter für die *wahrscheinliche* Zukunft in Form von Annahmen:

➜ Wie wird sich das Umfeld bezüglich Kunden, Markt, Technologie und Recht entwickeln?

Die orange Brille

als Filter für die *denkbare* Zukunft, der Schwerpunkt liegt auf den Chancen und Bedrohungen:

➜ Welche Chancen und Bedrohungen liegen für uns in den zukünftigen Veränderungen?

Die **grüne Brille**

als Filter für die *gewünschte* Zukunft, es wird eine Vision entwickelt:

➜ Wie soll unser Unternehmen in fünf bis zehn Jahren aussehen?

Die **rote Brille**

als Filter für die *unerwartete* Zukunft, d.h. Diskontinuitäten:

➜ Was könnte uns überraschen?

Die **klare Brille**

Als Filter für die *konkrete* Zukunft, jetzt wird es konkret, Strategien werden entwickelt:

➜ Was wollen wir konkret tun?

Wichtig ist, dass die fünf Schritte nacheinander angegangen und keiner ausgelassen wird.

Oftmals werden die Ergebnisse dieser Schritte in Form von

- Vision
- Mission Statement
- SWOT Analyse und
- Masterplan

dokumentiert.

SWOT kommt aus dem Englischen und steht für:

- **Strength (Stärken)**
  diese werden aus der Unternehmensanalyse abgeleitet
- **Weaknesses (Schwächen)**
  diese kommen ebenfalls aus der Unternehmensanalyse
- **Opportunities (zukünftige Chancen)**
  diese behandeln Themen, welche zukünftige Erfolgspotentiale für das Unternehmen darstellen können, aber eben entsprechend auch nutzbar gemacht werden müssen.
- **Threats (zukünftige Bedrohungen)**
  diese bezeichnen Themen, welche (ohne darauf zu reagieren) das langfristige Überleben des Unternehmens gefährden könnten.

6.2　Stakeholder Analyse

Stakeholder sind Anspruchsgruppen und -personen, die unmittelbaren Einfluss auf das Veränderungsprojekt nehmen und/oder von den Zielen des Veränderungsprojektes direkt oder indirekt betroffen sind.

Die Stakeholder Analyse dient der systematischen Identifikation und den gezielten Umgang mit Stakeholdern. Typische Stakeholder eines Unternehmens sind beispielsweise, Eigentümer, Management, MitarbeiterInnen, Mitbewerber, Kunden, Lieferanten, Behörden, Normungsinstitute, etc.

Die Stakeholder Analyse dient somit:

- dem identifizieren von Anspruchsgruppen und -personen,
- der Einschätzung der Einstellung zu den Zielen des Veränderungsprojektes und um daraus
- fördernde Maßnahmen ableiten und erarbeiten zu können.

Im ersten Schritt erfolgt ein Identifizieren der Stakeholder:

- nach Rolle, Name, Funktion,
- nach Betroffenheit,
- nach persönlichen Chancen / Interessen,

- nach persönlichen Risiken / Konfliktpotentialen.

Es handelt sich dabei überwiegend um informelle Rollen. Die Personen, die diese Rollen besetzen, müssen erkannt oder gewonnen werden. Eine formale „Ernennung" hat demgegenüber keinen Nutzen!

Überlegen Sie zunächst, wer welche Rolle besetzen könnte (oder dies bereits tut). Schätzen Sie vor diesem Hintergrund den Ausgangszustand in Bezug auf das Veränderungsprojekt ein und überlegen Sie, was im Vorfeld getan werden müsste, um möglichst alle Rollen zu besetzen.

<u>Wichtige Rollen vor Beginn der Umsetzung (Transition):</u>

- **Initiator**:
  Kennt die Probleme des Unternehmens gut, hat eine Veränderungsidee und initiiert die Diskussion.
- **Promotor:**
  Stellt sich eindeutig hinter die Idee des Initiators und tritt öffentlich für diese ein und erklärt sein grundsätzliches Einverständnis und gewährt Unterstützung.
- **Advokat:**
  Schafft im Unternehmen ein Problembewusstsein und verteidigt die Veränderungsidee.

Wichtige Rollen bei der Umsetzung (Transition):

- **Projektleiter:**
  sorgt für die Umsetzung der Veränderung.
- **Change Manager:**
  Unterstützt bei dem Design und der Umsetzung (Transition), hat den Überblick und wirkt als Vermittler.
- **Pioniere:**
  Verändern ihr Verhalten gemäß den neuen Ideen und praktizieren diese auch als erste.
- **Loyale:**
  Reagieren positiv auf die Veränderung und machen diese aufgrund ihrer loyalen Haltung zu ihrer Aufgabe.
- **Anwender:**
  Bewirken durch ihr alltägliches Praktizieren der Veränderungen, dass diese selbstverständlich werden.

Das Ergebnis wird in Form der Stakeholder Tabelle dargestellt:

Name, Funktion	Auftrag, Ziele	Chancen, Interessen	Risiken, Konfliktpotentiale	Rolle	Maßnahmen

Danach folgt die Beziehungsanalyse, d.h. wer kann mit wem und wie.

Hier empfiehlt es sich, ganz simpel den Einfluss auf Basis von den folgenden Kriterien darzustellen:

- gering:
  Der Stakeholder kann Ihnen überhaupt nicht bzw. wenig helfen und hat überhaupt keinen bzw. wenig Einfluss auf den Erfolg.
- mittel:
  Der Einfluss ist eher mittel, aber wenn der Stakeholder wollte, könnte er eventuell unterstützen.
- groß:
  Der Stakeholder hat Einfluss auf das Veränderungsprojekt und kann eine große Hilfe sein.
- sehr großer:
  Der Stakeholder hat sehr großen Einfluss auf das Veränderungsprojekt und kann zum Erfolg/Misserfolg beitragen, eventuell besteht sogar eine Abhängigkeit zum Erfolg des Veränderungsprojektes.

Das Ergebnis wird in Form der Stakeholder Map dargestellt:

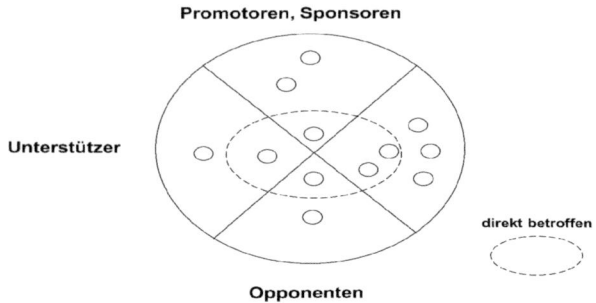

Auf Basis der stattgefundenen, detaillierten Einschätzung der Stakeholder werden im nächsten Schritt konkrete Maßnahmen pro Stakeholder zur Art und die Maßnahme zur Einbindung erarbeitet:

Die Art der Einbindung des Stakeholders erfolgt durch:

- Information oder
- Verantwortung im Projekt

Die Maßnahme zur Einbindung durch Information erfolgt durch:

- Gespräche,
- Motivation durch Führungskraft,
- durch das Beobachten und regelmäßig Nachfragen,

60

- gegebenenfalls auch durch keine Einbindung.

Darüber hinaus ist es wichtig zu jeder Maßnahme zu definieren durch wen sie durchgeführt wird und bis wann, um ein ständiges Monitoring der Maßnahmen durch den Projektleiter zu gewährleisten.

Die Stakeholder Analyse ist nur eine Momentaufnahme und daher im Lauf der Zeit zu aktualisieren um wirksam zu bleiben.

6.3 Quickcheck Change Readiness

Was sonst noch den Erfolg ausmacht und wie Sie prüfen können, ob Sie die Chance haben, dies auf Ihr Unternehmen zu übertragen, können Sie mit dem folgenden "Quickcheck" ermitteln:

Unternehmen und Organisationseinheit	Ja	Manch mal	Nie
Die Eigentümer sind offen für Veränderungen, sofern diese Vorteile mit sich bringen.			
Die Geschäftsleitung ist offen für Veränderungen, sofern diese Vorteile mit sich bringen.			
Die Führungskräfte haben Erfahrungen im Change Management.			

Die Führungskräfte beurteilen die Veränderung positiv, wenn dies Erfolg verspricht.			
Die Personalvertretung lässt sich von guten Argumenten überzeugen und ist bereit, erfolgsversprechende Veränderungsprojekte zu unterstützen.			
Die MitarbeiterInnen sind zukunftsorientiert und bereit neue Wege zu gehen, sofern diese für sie Vorteile mit sich bringen.			
Ideen dürfen ungehindert fließen; diese werden nicht von irgendjemand zurückgehalten.			
Wir versuchen nicht, das Rad neu zu erfinden, sondern nehmen eine neue Idee und testen sie asap.			
Misserfolge werden geduldet und sogar positiv bewertet.			
Bei neuen Projekten, arbeiten wir gerne mit anderen OE bzw. Außenstehenden zusammen.			

6.4   Risikoanalyse

Die Zahl der gescheiterten Veränderungsprojekte ist groß, da lohnt es sich schon, im Vorfeld einmal darüber nachzudenken, woran ein Veränderungsprojekt am Ende zugrunde gehen könnte.

Diese Risikoanalyse kann in Form des Blickes in eine - imaginäre - Kristallkugel erfolgen.

Das Change Team „liest" in der Kugel schlechte Nachrichten, die besagen, dass das Projekt gescheitert ist, nun soll sich jedes Teammitglied drei Minuten lang die Schlagzeilen vorzustellen und dann die Gründe aufschreiben, die zum Scheitern führten.

Diese Schlagzeilen werden präsentiert und erläutert.

Diese "Hellseherei" bewirkt, dass die TeilnehmerInnen das ausdrücken können, was sie wirklich denken, ohne befürchten zu müssen, dass sie als Pessimisten oder Nörgler dastehen.

Anschließend werden die potenziellen „Stolpersteine" aufgelistet und nach Gemeinsamkeiten sortiert und Maßnahmen abgeleitet.

Diese „Stolperstein Liste" hilft, wachsam zu sein, auftauchende Probleme rascher zu identifizieren und rechtzeitig anzugehen.

6.5   Besetzung Change Team

In Organigrammen steht zu lesen, wer welche Rolle im Unternehmen ausüben sollte. Welche aber jemand tatsächlich einnimmt und wieviel Macht er ausübt, steht in keinem Organigramm, wäre aber um vieles wichtiger, wenn es um die Gestaltung von Veränderungen geht.

Die Rollenklärung soll vor Beginn der Umsetzung (Transition) eingesetzt werden, um zu klären, ob für den angestrebten Veränderungsprozess günstige Bedingungen, insbesondere der Machtverhältnisse vorliegen.

Eine einfache Übung dazu:

Wir betrachten dazu die Produktion eines Autos bzw. das Auto als Modell der jeweiligen Organisation, deren Mitglieder den Fahrzeugteilen zugeordnet werden?

- Wer ist der Motor?
- Wer die Bremse?
- Wer ist der Turbo?
- Wer der Treib- oder der Schmierstoff?
- Was ist mit dem Steuerrad, dem Reserverad?
- Wer ist für das Klima im Innenraum zuständig?
- Wer sorgt für Licht im Dunkeln?
- Wer ist der Mechaniker?

- Wer ist der Navigator?
- Wer ist der Versicherer?
- Wer ist der Designer?
- Wer ist der Konstrukteur?
- Wer ist der Vertriebler?
- Wer ist Vorarbeiter, Fließbandarbeiter,…?
- Wer ist der Qualitätssicherer?
- Wer ist der Kostenrechner?
- Und vor allem: Wer sitzt am Steuer?
- Und ist es auch derjenige, der die Karre aus dem Dreck manövriert?

Anhand dieser Übung gelingt es sehr effizient, die Projektrollen und den Change Manager und das Change Team zu besetzen.

6.6 Transition Roadmap

Die Schritte des Programms für den Veränderungsprozess, d.h. die Zusammenfassung der einzelnen Teilpläne bzw. Teilprojekte zu einem sinnvollen Ganzen, wird als Transition Roadmap bezeichnet.

Die Transition Roadmap hat im Vorgehenskonzept eines Veränderungsprojektes die Funktion, die Ausrichtung, den gesamten Projektinhalt und -verlauf zu beschreiben und ist somit die Arbeitsgrundlage für den gesamten Veränderungsprozess.

Die Roadmap ist ein „Vorgehensmodell" für die erfolgreiche Umsetzung der strategischen Ziele und soll die gefährliche Lücke zwischen strategischer Zielsetzung und operativer Umsetzung schließen helfen.

In der Phase der Konzeption der Umsetzung (Transition) wird dieser Ablauf in einer Roadmap festgehalten. Beginnend bei der Ableitung der strategischen Zielfindung in operationalisierte Ziele und Maßnahmen werden die einzelnen Schritte in einer logischen Abfolge festgelegt.

Die hier angeführten Ausführungen zur Roadmap stellen lediglich eine mögliche Variante dar, denn die Roadmap kennt in Abhängigkeit des zugrundeliegenden Veränderungsprojektes in Ausführung und Detaillierungsgrad keine Grenzen.

Wichtige Inhalte einer Roadmap sind folgende:

- Strategische Planung
- Wirtschaftlichkeitsbetrachtung
- „Maßnahmenportfolio (Inhalt, Zeit, Prozess)
- Entscheidungen
- Ressourcen
- Pilotprojekte
- Informations- und Kommunikationsplan
- Meilensteine und Umsetzungsschritte
- Key Performance Indicators und Controlling.

6.7 Informations- und Kommunikationsplan

Der Information- und Kommunikationsplan ist die Planung der informations- und Kommunikationskanäle im Verlauf der Umsetzung (Transition).

Den Betroffenen muss klar sein, wie der Informations- und Kommunikationsablauf im Veränderungsprojekt im engeren Sinne und im Unternehmen im weiteren Sinne organisiert ist. Im Startmeeting der Umsetzungsphase (Transition) wird der Kommunikationsplan bekannt gegeben.

Beispiel: Informations- und Kommunikationsplan

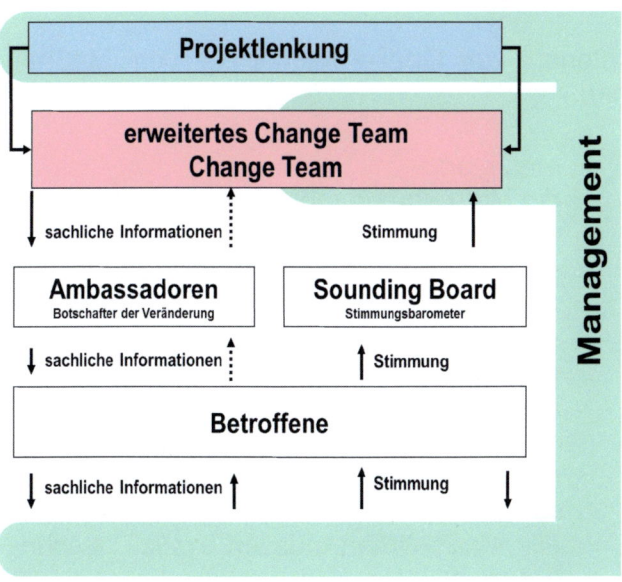

6.8 Maßnahmenportfolio

Nachdem die Veränderungspotentiale erhoben wurden, kann ein Maßnahmenportfolio erstellt werden. Im Maßnahmenportfolio wird festgelegt, welche konkreten Maßnahmen zur Zielerreichung dienen sollen und welche Maßnahmen wie und bis wann umzusetzen sind.

Die Maßnahmen werden in Abhängigkeit der zur Verfügung stehenden Methoden und Tools erarbeitet. Maßnahmen sollen immer unter Berücksichtigung der Verbesserung der relevanten Prozesse und der persönlichen Arbeitsumgebungen geplant werden.

Kriterien zur Qualitätssicherung von Maßnahmen:

- machbar:
  die Maßnahmen müssen realisierbar sein.
- priorisiert:
  es muss erkennbar sein, welche Maßnahmen am wichtigsten sind.
- eindeutig definiert / abgegrenzt:
  präzise Definitionen zur Vermeidung von Missverständnissen.
- eindeutig zugewiesen:
  eindeutig Verantwortlichen übertragen.
- vollständig:
  alle Maßnahmen müssen explizit beschrieben sein.

- konsistent
  d.h. ob die definierten Maßnahmen untereinander widerspruchsfrei sind.
- notwendig:
  gesetzliche Vorschriften sind unabdingbar.
- nachprüfbar
  d.h. mit Erfolgskriterien verknüpft.

6.9 Startmeeting der Umsetzung (Transition)

Zur „Mobilisierung" der Betroffenen ist es notwendig, nach dem Design des Veränderungsprojektes, diese über das Veränderungsprojekt zu informieren und mit einzubinden.

Im Startmeeting der Umsetzungsphase (Transition) wird die Transition Roadmap bekannt gegeben, welche Ressourcen betroffen sind, von wem welche Entscheidungen getroffen werden, welches Kommunikationskonzept (Kommunikationsplan) zugrunde liegt, etc.

Im Startmeeting werden in dieser oder ähnlicher Form Fragen durch die Betroffenen gestellt

- Fördern die geplanten Veränderungen den Erfolg des Unternehmens oder gefährden sie ihn?
- Verändern sich Strukturen und Arbeitsprozesse und damit die Qualität der eigenen Arbeit?

- Sind Arbeitsplätze oder gar der Standort gefährdet?
- Vergrößern oder vermindern sich die Karrierechancen?
- Lohnt es sich überhaupt noch, sich am Arbeitsplatz für die Unternehmensziele einzusetzen?
- Bis die neuen Geschäftsprozesse umgesetzt sind, entsteht Doppelgleisigkeit und damit Mehrarbeit, wer soll das leisten?
- Was ist, wenn das Veränderungsprojekt abgeschlossen ist?

Es gilt auf diese Fragen im Management die klaren Antworten vorzubereiten und dann Vor Ort zu kommunizieren.

6.10 Change Team Meeting

In der Phase der Umsetzung sind Dynamik und Zielstrebigkeit das Kennzeichen. Der Veränderungsprozess ist auf seinem Höhepunkt angelangt, hier passiert das Wesentliche.

Ein Veränderungsprozess bedeutet eine bewusst herbeigeführte Veränderung, was auch ethische Fragen aufwerfen kann. Die möglichen Folgen eines derart durch das Change Management initiierten Entwicklungs- bzw. Veränderungsprojektes werden ebenfalls offen thematisiert. Bei Bedarf werden diese Themen im Change Team besprochen.

Während des Veränderungsprojektes sind Rückkoppelungsprozesse wünschenswert. Es ist dabei zu prüfen, ob das Produzierte, das Ergebnis, mit den anfänglichen Wünschen, Visionen und Zielen übereinstimmt.

Dazu dient das Ambassador Programm und das Sounding Board.

6.11 Ambassador Programm

Betroffene aus den jeweiligen Fachbereichen tragen als Botschafter der Veränderung die Informationen der Veränderung an die einzelnen MitarbeiterInnen.

Die Ambassadoren werden regelmäßig im Anschluss an das Change Team Meeting informiert.

6.12 Soundingboard

Das Sounding Board ist im Zuge der Umsetzung der „Resonanzboden" für die zustimmenden, mahnenden und kritischen Stimmungen und der Rahmen, diese Meinungen geordnet und bearbeitbar zu äußern.

Das Sounding Board Meeting findet vor jedem wichtigen Veränderungsmeilenstein statt.

6.13 Change Ampel

Die Change Ampel wird an prominenter Stelle des Unternehmens, meist im Bereich des Empfangs oder vor den Aufzügen, positioniert und zeigt den Gesamtstatus des Veränderungsprojektes.

Durch diese Visualisierung wird die interne Kommunikation über das Veränderungsprojektes sehr gefördert.

6.14 Come Together

Das Come Together dient zum Kennenlernen der Betroffenen in veränderten Arbeitsbereichen im Zuge von Aufgabenerweiterung bzw. -wechsel.

6.15 Lessons Learned Workshop

In einem abschließenden Lessons Learned Workshop des Change Teams werden die Erkenntnisse für weitere kommende ähnliche Projekte strukturiert festgeschrieben und archiviert und stehen so zur Abkürzung der Lernkurve bedarfsweise für zukünftige Veränderungsprozesse zur weiteren Verfügung.

Die Kernfragen des Change Teams dabei sind:

- Was ist gelungen?

- Was ist noch nicht gelungen?
- Was können wir in Zukunft noch besser machen?

6.16 Konfliktmanagement

Mit fast jeder Veränderung im Unternehmen treten Konflikte auf, und dies gilt nicht nur dann, wenn der Abbau von Arbeitsplätzen bevorsteht; je einschneidender die Veränderungen, desto höher das Konfliktpotential.

Eine probate Form des Konfliktmanagements im Unternehmen ist die Konfliktmoderation.

Dabei versuchen die „Kontrahenten" unter Mithilfe von außen stehenden Vermittlern (den Konfliktmoderatoren), ihre Konflikte zu lösen.

Konfliktmoderation ermöglicht die Erarbeitung einer einvernehmlichen Lösung, die von beiden Seiten als Gewinn angesehen wird.

Der Konfliktmoderator ist dabei jedoch lediglich für das Verfahren verantwortlich, inhaltlich müssen die Konfliktparteien den Konflikt selbst lösen. Zeichnen sich allerdings „faule Kompromisse" ab, schaltet sich der Konfliktmoderator ein und verhindert ein zu frühes „Nachgeben um des lieben Friedens willen".

Hilfreiche Fragen zur Problemlösung:

- Was ist das Problem?

- Was ist nicht das Problem?

- Warum besteht dieses Problem?

- Was ist die „Zielsetzung" des Problems?

- Wer ist von dem Problem und seinen Auswirkungen direkt oder indirekt betroffen?

- Wer ist vom Problem nicht betroffen?

- Womit bewältigen Sie aktuell das Problem (Dokumente, Verfahren, Aushilfskräfte, IT-Applikationen, etc.)?

- Wo im Geschäftsprozess (Prozessschritt, Objekt) tritt das Problem auf?

- Wie kann das Problem beseitigt werden?

- Welches sind die Anforderungen in die Problemlösung (Prioritäten, Kosten, etc.)?

6.17 Hinweise zur praktischen Arbeit mit den „Widerständen"

Gerade bei Veränderungsprozessen ist immer wieder mit Widerständen innerhalb des Teams bzw. der Gruppe, mit der man arbeitet, zu rechnen. Wird der Widerstand offen geäußert, sind die Möglichkeiten, konstruktiv auf ihn einzugehen und die positiven Absichten dahinter zu sehen, oft relativ einfach.

Schwieriger gestaltete es sich, wenn der Widerstand "schwer fassbar", nicht offen deklariert ist, sich vielleicht nur durch Inkongruenzen zwischen verbalen und nonverbalen Aussagen, Schweigen oder einfach einer bestimmten "engen" Atmosphäre äußert.

Hier helfen "zirkuläre Fragen" oft eher weiter als direkte Fragen. So könnte man anstelle der Frage: "Warum äußern Sie sich nicht zum Thema?" auch an die Adresse der Gruppe oder einzelne, offen kommunizierende Teilnehmer die Frage richten: "Was denken Sie, wie das Schweigen einzelner bei anderen ankommt?" Damit wird das Schweigen als Botschaft angesprochen, aber keine Konfrontation herbeigeführt.

Diese Fragen stellen eine Einladung dar, sich aus Aktions-Reaktionsschlaufen heraus zu begeben und eine Außenperspektive auf das System einzunehmen. Dies funktioniert nicht nur bei verdecktem, sondern auch bei offen vorhandenem Widerstand.

Einige Beispiele:

Fragen zur Kooperationsbereitschaft:
"Wie wirkt sich die Kooperationsbereitschaft der meisten Teilnehmer auf die aus, die nicht kooperieren und zuschauen?"

Fragen zum Widerstand:
"Im Falle, dass es Teilnehmer gibt, die nicht mittun, ohne dies offen zu äußern, wie wirkt sich deren Verhalten auf die anderen aus, die mitmachen?"

Fragen nach dem Rahmen:
"Sind mehr Leute der Ansicht, dass es sich hier um ein Spiel, einen Kampf oder etwas ganz anderes handelt?"

Frage nach Wahlmöglichkeiten:
"Angenommen, die Leute in dieser Abteilung würden offen ihre Einwände äußern, wie würde darauf reagiert werden?"

Fragen zur Beziehungs- und Sachebene:
"Zu wieviel Prozent schätzen Sie unsere Mühe, voranzukommen als ein Sachproblem ein und zu wieviel Prozent als ein Beziehungsproblem?"

Frage nach Wundern:
"Wer würde als erster erkennen, wenn wie durch ein Wunder die problematischen Verhaltensweisen verschwunden wären?"

Frage nach Rückfällen:
"Was müssten wir tun, um nach gelungener Lösung in der Zukunft wieder rückfällig zu werden? Was im Besonderen?"

7 Anhang

7.1 Grundlegende Begriffe

Im Rahmen dieses Kapitels werden grundlegende Begriffe beschrieben:

Change Management (Change Management):

Unter Change Management werden alle Aufgaben, Maßnahmen und Tätigkeiten subsumiert, die eine umfassende, bereichsübergreifende und inhaltlich weit reichende Veränderung - zur Umsetzung von neuen Strategien, Strukturen, Systemen, Prozessen oder Verhaltensweisen - in einer Organisation bewirken sollen.

Geschäftsprozess:

Ein Geschäftsprozess ist die Maßnahmenkette, die als Reaktion auf bestimmte Ereignisse, zur Umwandlung von Input zu Output oder zur Erzeugung bestimmter Ergebnisse führt. Ein Geschäftsprozess kann organisationsübergreifend sein.

Projektmanagement:

Es handelt sich dabei um die Identifizierung, Steuerung und ständigen Fokussierung von Betroffenen und anderen Ressourcen, um die Projekt-Vorgaben zu erreichen. Es befasst sich mit Meilenstein- und Ressourcenplanung und -ausstattung, Überwachung, Steuerung und Abschluss. Es wendet Managementfertigkeiten an, um Zeitpläne, Kosten, Risiken, und

Qualität zu kontrollieren und damit sicherzustellen, dass das Projekt die erwarteten Ergebnisse bringt.

Soft Skills:

Unter Soft Skills, d.h. weiche Fähigkeiten, wird das „Wissen um den Umgang mit Menschen und Entscheidungen" verstanden.

Basis der Soft Skills ist das Vermögen, nonverbale Kommunikationsinhalte wie Stimmungen, Charaktereigenschaften und Handlungsweisen von sich selbst und den Mitmenschen wahrzunehmen und zu verstehen. Zu den Soft Skills zählen u.a. Vertrauenswürdigkeit, Teamfähigkeit, Charisma und Menschenkenntnis.

Unternehmenskultur

Die Unternehmenskultur ist die Gesamtheit der gewachsenen und durch die aktuelle Situation beeinflussten Wertvorstellungen, Verhaltensweisen und -routinen, Überzeugungen und Meinungen sowie Ordnungssysteme, Potentiale, Beziehungen und Gegebenheiten innerhalb eines Unternehmens

Veränderungsprozess:

Veränderungsprozesse sind alle Maßnahmen, die bei einem Veränderungsprojekt zur Erreichung der Veränderungsziele nötig sind. Voraussetzungen dafür sind die Kommunikation von Zielen sowie die Überprüfung der Zielerreichung.

7.2 Literaturverzeichnis

Brunner-Salten R.: Handbuch Public Change Management: Effizientes Change Management für öffentliche Verwaltungen. Millennium-Buch, Frankfurt (2003)

DeMarco T., Lister T.: Peopleware: Productive Projects and Teams. Addison-Wesley (2013)

Doppler K.; Lauterburg C.: Change Management. Campus, Frankfurt (2002)

Gareis R.: Happy Projects. Manz, Wien (2005)

Glasl F., Lievegoed B.: Dynamische Unternehmensentwicklung: Grundlagen für nachhaltiges Change Management; Paul Haupt Verlag, Stuttgart (2011)

Hammer M.; Champy J.: Reengineering the Corporation - A Manifesto for Business Revolution. Harper Collins Publishers, New York (2006)

Kegan R.; Laskow-Lahey L.: Immunity to Change: How to Overcome It and Unlock the Potential in Yourself and Your Organization (Leadership for the Common Good). Harvard Business Press (2009)

Kotter J. P.: Das Prinzip Dringlichkeit. Schnell und konsequent handeln im Management („A Sense of Urgency"). Campus, Frankfurt (2009)

Krainz E.: Change Management auf Biegen und Brechen. Gabler, Wiesbaden (1998)

Osterhold G.: Change Management, Wege zum langfristigen Unternehmenserfolg. Gabler, Wiesbaden (2002)

Osterloh M.; Wübker S.: Wettbewerbsfähiger durch Geschäftsprozess- und Wissensmanagement. Mit Chancengleichheit auf Erfolgskurs. Gabler, Wiesbaden (1999)

Schmelzer H.J.; Sesselmann W.: Geschäftsprozessmanagement in der Praxis. Kunden zufrieden stellen. Produktivität steigern. Wert erhöhen. Carl Hanser Verlag, München (2000)

Porter M.: Wettbewerbsvorteile (Competitive Advantage): Spitzenleistungen erreichen und behaupten. Campus, Frankfurt (1999)

Wallmüller E.: Risikomanagement für IT- und Software-Projekte - Leitfaden für die Implementierung. Carl Hanser Verlag, München (2004)